100 SPANISH WORDS FOR KIDS

IN PICTURES

Contributions by

O. BLANCO

Some pictures used in this book were modified from public domain and/or creative commons

https://creativecommons.org/licenses/by/2.0/

Reference:

Google Translate, https//translate.google.com
Word Reference, https://www.wordreference.com/

Learn more at: www.lingohum.com

DEDICATION

This book is dedicated to all our Spanish speaking parents.

[1] Murciélago

[3] Jirafa

[2] Pollo

[4] Perro

[5] Lagartija

[7] Serpiente

[6] Pez

[8] Ratón

[9] Elefante

[11] Cabro

[10] Caballo

[12] Pájaro

[13] León

[15] Vaca

[14] Mariposa

[16] Mono

[17] Gato

[19] Rana

[18] cocodrilo

[20] Pato

[21] Maíz

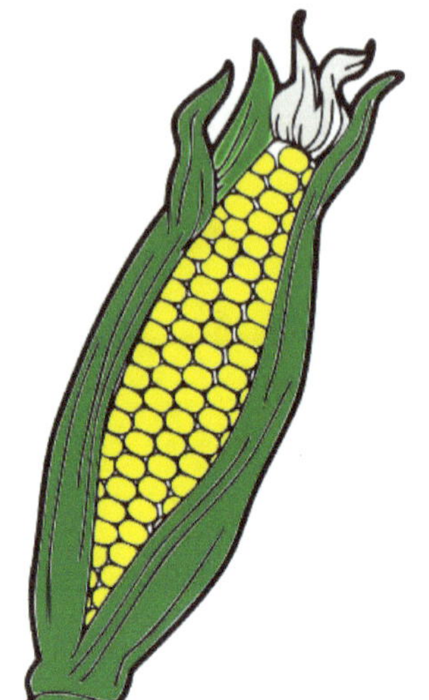

[23] Lechuga

[22] Pimiento

[24] Maní

[25] **Frijol**

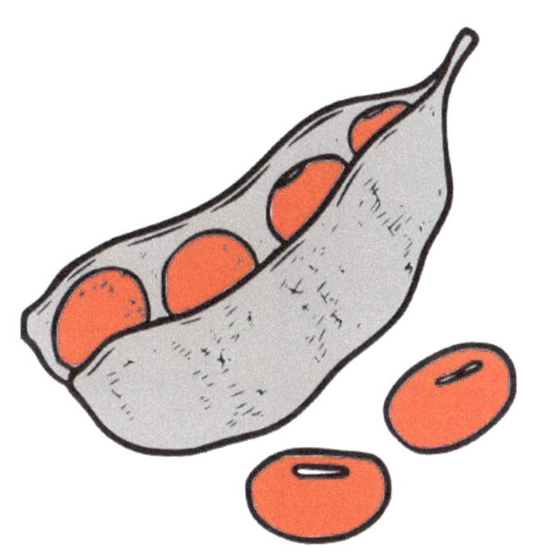

[27] **Plátano**

[26] **Huevo**

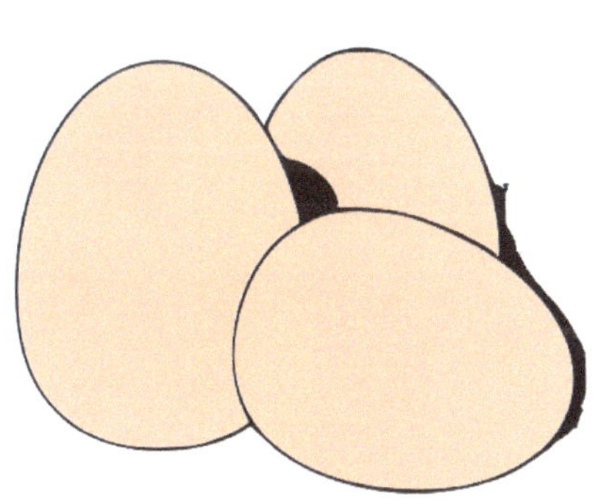

[28] **Naranja**

[29] Blanco

[31] Rojo

[30] Negro

[32] Arcoíris

[33] Plato

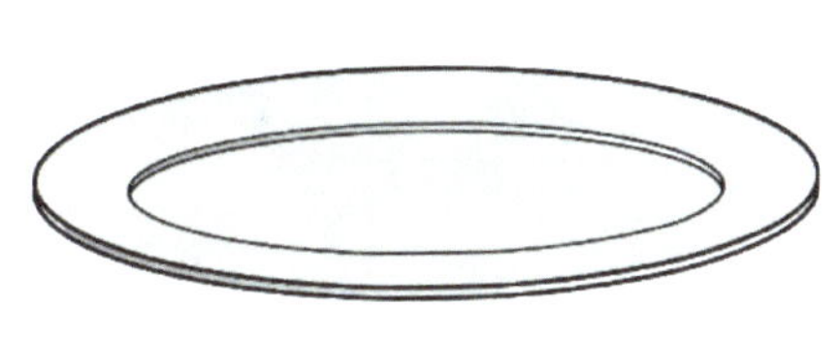

[35] Baño

[34] Reloj

[36] Ventana

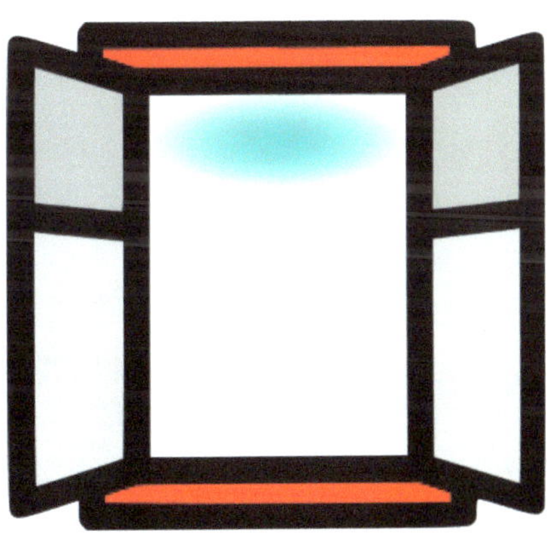

[37] Cama

[39] Casa

[38] Silla

[40] Puerta

[41] Escoba

[43] Dinero

[42] Cuchillo

[44] Cuchara

[45] Zapato

[47] Sombrero

[46] Vestido

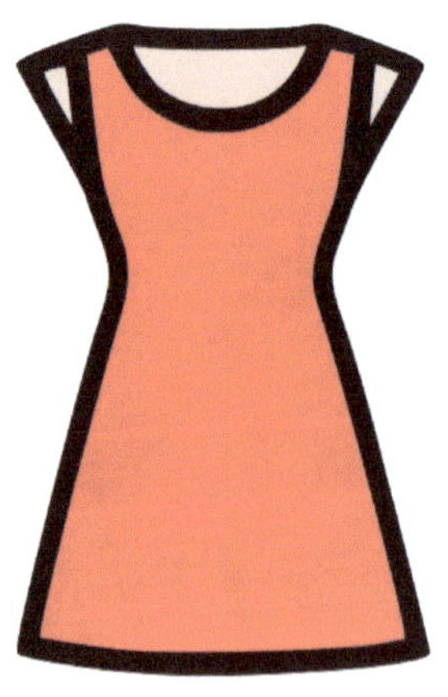

[48] Pantalones

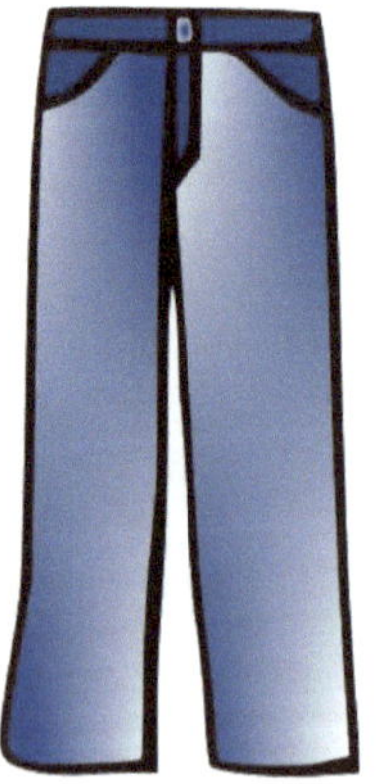

[49] Tierra

[51] Fuego

[50] Árbol

[52] Estrella

[53] Arena

[55] Río

[54] Césped

[56] Flor

[57] Granja

[59] Roca

[58] Mar

[60] Carretera

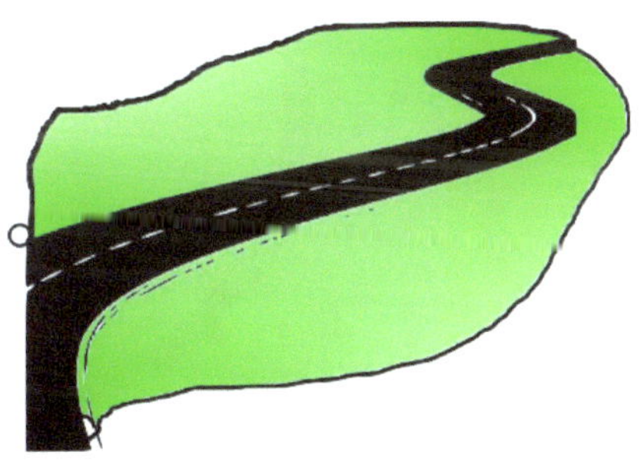

[61] Dom

[62] Luna

[63] Mercado

[64] Patio

[65] **Clínica**

[66] **Fábrica**

[67] **Colegio**

[68] **Coche**

[69] Avión

[71] Papá

[70] Barco

[72] Mamá

[73] Niño

[75] Pastor

[74] Granjero

[76] Empresario

[77] Policía

[79] Médica

[78] Profesora

[80] Bombera

[81] Cabeza

[83] Nariz

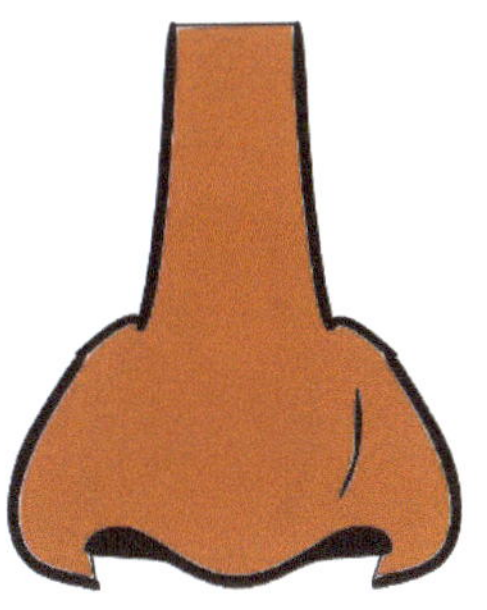

[82] Boca

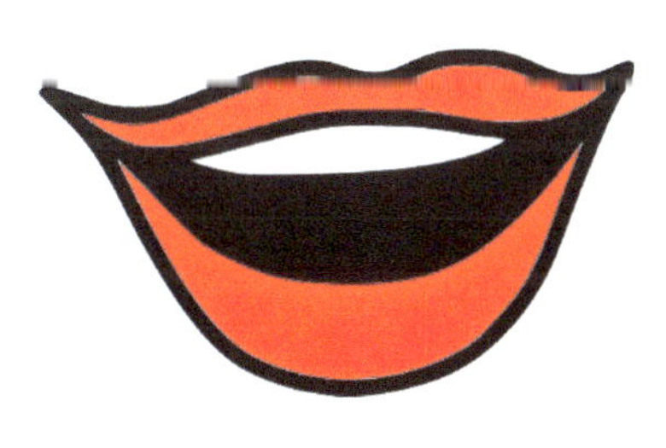

[84] Oído

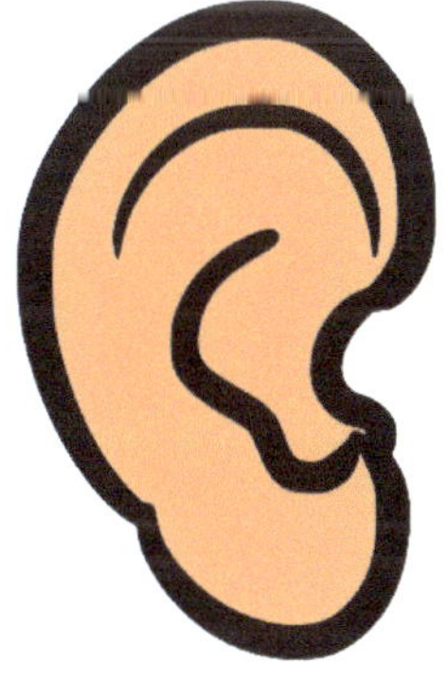

[85] Ojo

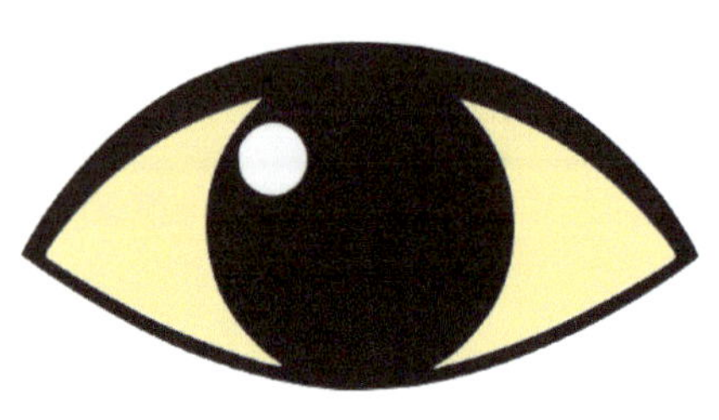

[87] Mano

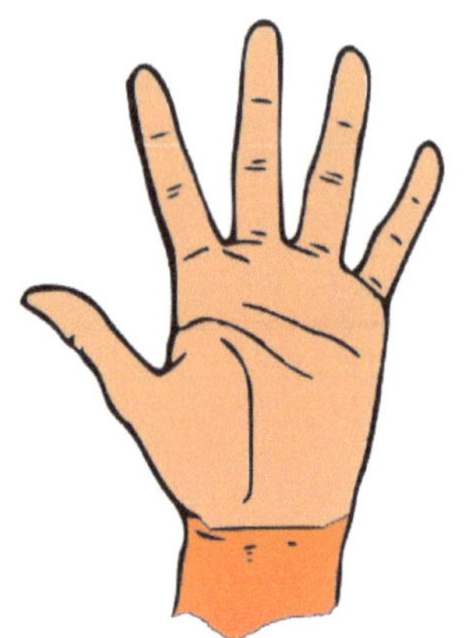

[86] Cuello

[88] Pierna

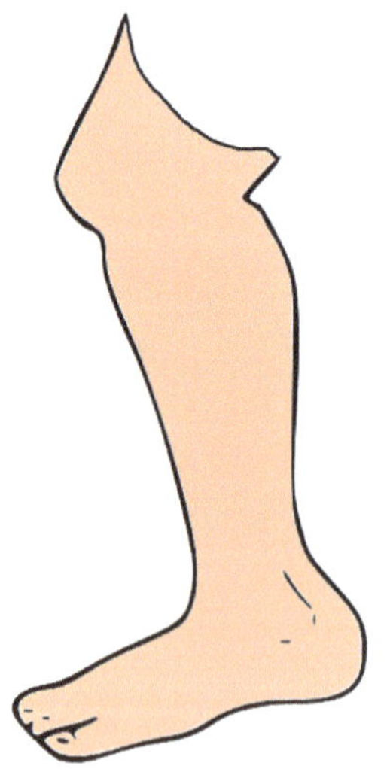

[89] Espalda

[91] Uno

[90] Barriga

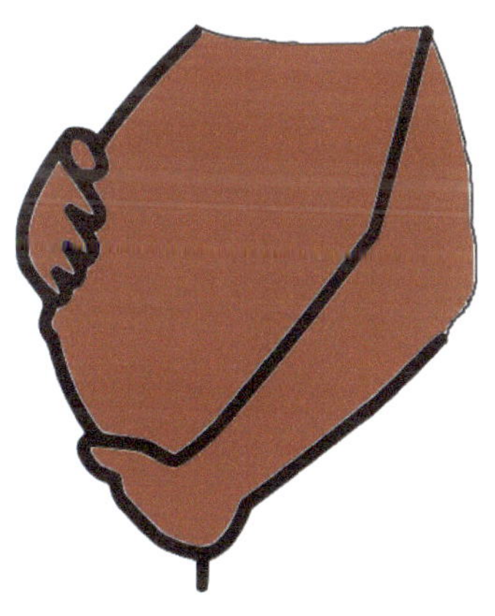

[92] Dos

[94] Cuatro

[96] Seis

[97] Siete

[98] Ocho

[99] Nueve

[100] Diez

Learn more at

www.lingohum.com

Early Language Learning Program for Kids ages 2 - 8 years